W0072324

*Ich komme nach Leipzig,
an den Ort, wo man
die ganze Welt im Kleinen
sehen kann.*

Gotthold Ephraim Lessing
(1729–1781)

GUNTER BÖHNKE

Mein Leipzig
Geliebtes Weltdorf

BuchVerlag
für die Frau

ISBN 978-3-89798-473-8

© BuchVerlag für die Frau GmbH, 2015
Die z. T. bereits in den „Leipziger Blättern"
erschienenen Texte (aus den Jahren
1983–2009) wurden für diese Ausgabe
überarbeitet und gekürzt.
Grafiken: Egbert Herfurth, Leipzig
Bilder: Bernd Cramer (Titel), Gerhard Gäbler
(S. 2, 22/23), Siegfried G. Müller (S. 100),
Helfried Strauß (S. 114/115), Karsten Uhl-
mann (S. 83, klein), Privatarchiv des Autors,
Verlagsarchiv
Umschlag, Satz und Typografie:
Susanne Weigelt, Leipzig
Druck: Salzland Druck, Staßfurt
Bindearbeiten:
Müller Buchbinderei GmbH Leipzig
Printed in Germany

www.buchverlag-fuer-die-frau.de

Inhalt

10 **Leipzig: Liebe auf den zweiten Blick (aber für immer)**

18 **Fragen an Gunter Böhnke**

22 **Die Stadt und ihre Buchhändler**
24 *Damals* Die Buchmeile/ Buchhandlungen im Zentrum
35 *Heute* Im Schatten von Amazon?

44 **Die Stadt der Gose**
46 *Damals* Cajeris Gosenschenke „Ohne Bedenken"
59 *Heute* Wird Putin „Mister Gose"?

64 Die Stadt und das Theater
66 *Damals* Die trauen sich ja was!
76 *Heute* Trauen wir uns immer noch was?

82 Die Stadt und die Revolution
84 *Damals* Die Säule auf dem Nikolaikirchhof
96 *Heute* Wir haben schon ein Revolutionsdenkmal

100 Die Stadt und ihre Buchmesse
102 *Damals* Ein Buch ist kein Auto
108 *Heute* Ein Buch ist nach wie vor kein Auto

114 Die grüne Stadt

116 *Damals* Die Barbaren kommen.
(Oder: der Versuch, die grüne
Stadt zu retten.)

122 *Heute* Die Barbaren sind
immer noch da. (Wir ver-
suchen es weiter.)

Angekommen: 1963 vor dem Leipziger Hauptbahnhof

Leipzig: Liebe auf den zweiten Blick (aber für immer)

Ich liebe Leipzig. Dabei bin ich gar kein Leipziger. Und Liebe auf den ersten Blick war es auch nicht. Im Gegenteil. Als ich hier ankam, erleichterte mich ein Fotograf am Hauptbahnhof um acht Mark. So merkte ich gleich, dass ich in einer Messestadt war. Aber das Foto habe ich heute noch: Ankunft im Leipziger Alltag. Sommer 1963. Altweibersommer. – Ist das politisch korrekt? Egal. Was mir auch auffiel: Bei der Immatrikulation an der Universität jede Menge hübscher Mädchen. Das konnte einem Dresdner Jungen im Konfirmationsanzug schon gefallen.

Die Stadt war quirlig. Die Menschen freundlich und höflich. Fragte man eine Dame nach dem Weg, so bot sie sich an, denselben gleich persönlich zu zeigen. Und nebenbei erfuhr man so einiges über ihr Leben sowie das naher Verwandter. Selbstverständlich in melodiösem Sächsisch.

Noch säumten Ruinen manche Straße. Aber wenn auch das Himmelslicht durch die oberen Stockwerke fiel: In der Katharinenstraße lebte der Handel in den Geschäften im Erdgeschoss. Für uns Studenten gab es das Café Corso (unser zweites Wohnzimmer) und echte Kneipen. Unser Stammtisch stand im „Schwalbennest" in der Magazingasse, wo selbst Magnifizenz Professor Georg Meyer mit uns anstieß.

Das Kabarett „academixer" wurde dann mein zweites Zuhause. Die Gage überstieg am Anfang oft nicht mehr als zehn Mark und ein Abendbrot, aber die Leipziger liebten uns von Anfang an – was oft der größere Ansporn war. Die Kollegen von der „Pfeffermühle" überließen uns manchmal ihre Bühne und die

Stadt schenkte uns ihren Kunst-preis. War da schon Liebe im Spiel?

Doch eine dunkle Wolke gab es: ein notgedrungener Aufenthalt in der Hauptstadt (der „schönsten und größten DDR der Welt", wie es bei uns hieß). Es waren zwei Jahre Sehnsucht nach in maroden Dach-rinnen grünenden Birken, nach den Mondlandschaften ausgebaggerter Braunkohlegruben und nach Leip-ziger Allerlei, auch ohne Morcheln und Flusskrebs.

Danach durfte ich mich wieder in die Arme meiner nun Fast-Schon-Heimat werfen, die mich umschloss mit ihren grauen Fassaden, brö-ckelnden Porphyr-Fenstergewandungen und regendurchlässigen, gelbschindligen Dächern. Dazu die Ruhe des Clara-Parks und Geborgenheit in einem geschlossenen Stadtzentrum. Wieder „dorheeme".

Bald hatten wir *academixer* ein eigenes Theater – und Gastspiele von Cottbus bis Heiligenstadt, von Suhl bis Rostock und nach Meltewitz. Am Internationalen Frauentag spielten wir viermal vor Leipziger Arbeiterinnen, die anschließend mit Handtüchern und Pralinenschachteln beschenkt wurden.

Leipzig: Das sind auch sechs Umzüge in 44 Jahren. Zentrum – Gohlis und wieder zurück. Schöne Gärten, schöne Aussicht. Viel Geld verloren, viel Zuneigung gewonnen. Endlich sesshaft geworden. Liebe macht's möglich.

Und dann? Plötzlich war ich Bewohner einer Heldenstadt. („Mir sinn doch bloß übern Ring gelatscht.") Durfte jenseits der Elbe spielen. Um die halbe Welt reisen. Und doch bin ich stets nach Leipzig zurückgekommen. Immer und immer wieder.

1964 war ich schon mal bei einem Festumzug dabei: Leipzig feierte 850 Jahre Verleihung des Stadtrechts. 2015 nun jubeln wir Leipziger wieder: darüber, dass vor 1000 Jahren Bischof Thietmar von Merseburg den Ort „urbe libzi" in seiner Chronik erwähnt hat. Das zukünftige Weltdorf hatte einen Namen bekommen.

Meine Liebe zu dieser Stadt steht (noch) in keiner Chronik, sie ist auch schwer in einige Sätze zu packen. Vielleicht mag ich am meisten an ihr, dass sie sich ändert. Nicht stillsteht. Wie ich selbst ja auch. Trotzdem möchte ich jetzt ganz gemütlich, wie sich das für echte Leipziger gehört, bummeln gehen: durch mein Leipzig von damals und heute.

Egbert Herfurth, „Erster Leipziger Bilderbogen", kolorierter Linolschnitt, 1976 (48 × 34 cm)

Erster

LEIPZIGER

Bilderbogen

Fragen an
Gunter Böhnke

Ihr Leipziger Lieblingsort?

» *Am liebsten schaue ich im Wildpark den wilden Schweinen zu, wie sie mit dem Rüssel wild den Schlamm durchpflügen. Aber nur, wenn Schlamm da ist. Sonst guck ich weg.*

Ihr Leipziger Lieblingsgericht?

» *Grüne Bohnen, rote Tomaten und rotweißer Speck.*

Eine persönliche Leipziger Anekdote?

» *Drei Kontrolleure der LVB kommen in der Bahn drohend auf mich zu – und verlangen ein Autogramm.*

Ihr Lieblings-Leipziger?

» *Hans Höher, der ehemalige Eisverkäufer aus dem „Capitol".*

Ihr Leipziger Lieblingsspruch?

» *Was Sachsen sin von ächtem Schlaach, die sin nich dod zu griechn! (Lene Voigt)*
(für die Nicht-Sachsen: Was Sachsen sind von echtem Schlag, die sind nicht totzukriegen!)
Könnte auch ein Lebensmotto sein.

Ihre Leipziger Lieblingsbuch-handlung?

» *Die Thalia-Buchhandlung mit Frau Meißner, Frau Knöpper und Frau Winkler in der Karl-Lieb-knecht-Straße. Da fühle ich mich „dorheeme". Da gucken sogar die Bücher freundlich. Und die Buchhändlerinnen rezensieren die neuen Titel!*

Was verbindet Sie mit der Leipziger Vergangenheit?

» *Mein Glaube an die Buchstadt Leipzig. Und die Erinnerung an die Pelzstadt. Ich trage eine Pelzmütze aus Estland – wenn es schneit.*

Und was wünschen Sie sich für die Leipziger Zukunft?

» *Eine Stadtregierung mit Visionen.*

Verhalten optimistisch:
Franz-Mehring-Buchhandlung (1996)

Die Stadt und ihre Buchhändler

Die Buchmeile / Buchhandlungen im Zentrum

1996. Der Literaturkalender war schuld.

Nein, eigentlich war ich schuld.

Nein, meine Frau.

Meine Frau hatte mich gebeten, den Literaturkalender zu besorgen, obwohl schon Januar war. Ich hielt es für absolut unproblematisch, die wenigen Buchhandlungen in der Innenstadt aufzusuchen und einen Literaturkalender für das bereits begonnene Jahr zu erwerben.

Zuerst kämpfte ich mich durch ein Absperrgitter und über einen Mörtelberg in die funkelnagelneue (obwohl fünfzig Jahre alte) *Mehring-Buchhandlung*, die zu ebener Erde und auf einer Galerie ein überwältigendes Angebot präsentierte. Ich war so beeindruckt, dass ich gleich ein mehrbändiges Lexikon kaufte. Die Dresdner Bank, die jetzt fast alle ehemaligen Räume der Buchhandlung besitzt (und das ganze Haus), will in der Kuppelhalle Lesungen (aus Kontoauszügen prominenter Leipziger?) veranstalten: Koexistenz von Kunst und Kommerz? Man wird sehen. Der Literaturkalender war jedenfalls vergriffen.

Am Brühl findet sich eine zweite Symbiose von „Bank und Buch". Das ist aber nicht der offizielle Name der Buchhandlung. Sie heißt *Buch und Kunst*, führt beeindruckende Kunstkalender und besitzt einen halben Trabant als Lesesofa. Die kürzlich eingeflogene Filialleiterin aus Köln kennt hiesige Schriftsteller und Bücher noch nicht so recht und ist gerade auf dem Orientierungsmarsch durch die Leipziger (Buch-) Szene. Dafür ist es im Geschäft recht übersichtlich. Links neben der Tür hängen die Spiegel-Bestseller und einen neuen Stadtplan von Leipzig gibt es auch. Und was ist mit dem Literaturkalender? Fehlanzeige.

Quer durchs Budenparadies Hainstraße – da hält sich keine Buchhandlung mehr – steuere ich den Markt an. Es ist ein Marktplatz der Sensationen: Im Umkreis von zweihundert Metern fünf Buchhandlungen! (Obwohl *Wort und Werk* schließen musste.) Frau Bachmann (*Verlagsbuchhandlung Bachmann*), Frau Otto (*Sächsisches Auktionshaus und Antiquariat Johannes Wend KG*) unter den Arkaden, Herr Jahn (*interart* in der Messehofpassage), Herr Weckwert (*Reisefibel* im Salzgässchen) und nicht zuletzt Peter Hinke mit seiner *Connewitzer Verlagsbuchhandlung* in Specks Hof an der Nikolaikirche – sie alle sind zufrieden mit dem Geschäft. („Naja, es könnte ein wenig besser laufen.") Die Zukunftsaussichten sind auch nicht schlecht. („Irgendwann werden die Baustellen ja mal verschwinden.")

Das große Nachwendegeschäft allerdings ist vorbei. Eigentlich gewinnt man nur in zwei innerstädtischen Buchhandlungen den Eindruck, dass „etwas los" ist. (Hier sei die *Mehring-Buchhandlung* mal ausgeklammert, denn dort ist immer was los.) Das sind die *Verlagsbuchhandlung Bachmann*, wo Touristen und Leipziger alles über Leipzig und Sachsen finden können (aber keinen Literaturkalender!), und im neuen Domizil die *Conne-witzer Verlagsbuchhandlung.* (Peter Hinke hatte noch Hobelspäne im Haar. „Wir haben sogar das Parkett selber verlegt.") Die CVBH wird sich als Autorenbuchhandlung profilieren, bei Lesungen finden hier bis zu hundert Zuhörer Platz. Es wird auch noch einen Keller für vierhundert Personen geben! „Das Interesse der Leser muss wach gehalten, Spannung erzeugt werden. Das Buch muss Teil des Lebens sein."

Ihre Spezialstrecke hat die winzige *Reisefibel* gefunden, die eine einzigartige Kartensammlung präsentiert. Sollten Sie eine Wanderkarte von den Rocky Mountains, vom Himalaya oder eine Monarchie-Karte von Österreich-Ungarn suchen: In der *Reisefibel* werden Sie fündig.

Eine ganz andere Art von Reise können Sie in der räumlich ebenfalls bescheidenen *interart*-Buchhandlung zehn Schritte vom Markt antreten. Herr Jahn verkauft neben Kunstbüchern und auffallend guten Kalendern außereuropäische Kunstgegenstände.

Eine ganz einmalige Entwicklung unter den Leipziger Buchhändlerinnen nahm Eva-Maria Bachmann. 1990 begann sie mit einer neun (!) Quadratmeter großen Buchhandlung in Schleußig (*Buchhandlung in der Nussschale*). Es ist erstaunlich, wie die Nicht-Sächsin das sächsischste Geschäft der Stadt leitet. Und sie bleibt ganz gelassen, wenn jemand Filtertüten oder Chips für Einkaufswagen kaufen möchte. Ein 10-Jahres-Mietvertrag im einzig städtischen Bezirk am Markt, dem Alten Rathaus, stärkt ihren Optimismus.

Ein ganzes Maß an Verbitterung zeigt ihre Nachbarin, Frau Otto vom *Antiquariat Wend*. Sie empfindet die innerstädtische Entwicklung als Katastrophe. Die Kultur, der geistige Anspruch werde durch „Kettengeschäfte" zerstört. Trotz nicht immer optimistischer Zukunftsaussichten bleibt sie freundlich, als eine ältere Dame sie anspricht: „Ich habe zu Hause einen Mann, der sitzt im Sessel und raucht. Mit einem schönen Goldrahmen. Kaufen Sie Bilder?"

Ein ganz neues Gesicht hat die Buchhandlung im Franz-Mehring-Haus mit dem wohl umfassendsten Angebot in der Innenstadt. Dass die Buchhandlung den Umbau und Umzug ohne Schließung und mit einem minimalen Umsatzverlust bewältigt hat, spricht für die fleißigen Damen und Herren, die sich dem Buch und dem Kunden überdurchschnittlich verpflichtet fühlen. So erfüllt die Vize-Chefin Frau Funk durchaus „Stolz auf das fast Geschaffene (und Erhaltene)". Wenn im November die Gerüste am Haus in der Goethestraße fallen, wird nach langer Zeit wieder Normalität einkehren.

Nach der unüberschaubaren Bücherflut der wilden Wendezeit kann jetzt vernünftig ausgewählt und angeboten werden. Die grenzenlose Kauflust der Kunden ist einer wohlüberlegten Auswahl (Bücherkauf ist im Gegensatz zum Autokauf Luxus) gewichen. Eine Erfahrung, die alle Buchhändler der Innenstadt teilen. Es ist eben alles kleiner geworden bei uns, mit Ausnahme unseres Selbstbewusstseins. Möge es so bleiben!

Fazit: Wir haben dreizehn Buchhandlungen im Leipziger Zentrum. Damit sind wir wieder auf dem Stand von 1948. Fast alle Buchhandlungen sind in der Hand von Leipzigern. Aber den neuen Literaturkalender habe ich nicht bekommen.

Heute

Im Schatten von Amazon?

2014. Peter Schlemihl hatte seinen Schatten verkauft. Wie wir
heute wissen, war das ein Fehler.
Doch die meisten Buchhandlungen in Deutschland würden gern
einen Schatten verkaufen. Wenn
auch nicht den eigenen. Sondern
den, in dem sie seit einigen Jahren
stehen: den Schatten von AMAZON.

Die Buchhandlungen im Leipziger Stadtzentrum geben sich gelassen, wenn die Sprache auf den
Online-Händlerriesen kommt. Im

Gegensatz zum Deutschen Börsenverein halten sie nichts vom Jammern. Sie haben sich – jede auf ihre Art – ihren Platz neben dem Riesen gesucht. Da Konkurrenz nicht möglich ist, spielen sie ihre Stärken aus: fachgerechte Beratung, Sonderregelungen bei Bestellung und Lieferung und das Kundengespräch. Letzteres darf auch manchmal die Sorgen mit der Kindererziehung einschließen. Auffällig ist, dass in allen Buchhandlungen der Kinder- und Jugendliteratur besonderes Augenmerk geschenkt wird. Natürlich spielen die E-Books eine zunehmende Rolle. Die TOLINO nutzenden Buchhandlungen können übrigens eine breitere Palette anbieten als AMAZON. Resümee: Man muss sich breiter aufstellen. (Also mir ist das gelungen.)

Vor knapp zwanzig Jahren gab es im Umkreis von 200 Metern um den Markt fünf Buchhandlungen. Und heute? Sie werden es nicht glauben: Vier sind noch da, wo sie damals ihre Kunden begrüßten. Die *Reisefibel* ist 350 Meter nach Süden gewandert, vom Salzgässchen in die Markgrafenstraße. Und sie hat sich profiliert. Von der reinen Buchhandlung zum Reisebüro mit Kartenmaterial, Kletterklamotten und der Vortragsreihe *Die Welt im Sucher*.

Und man will es wiederum kaum glauben: *Hugendubel* und *Lehmanns* sind hinzugekommen. Beide sind Konkurrenten, haben ihre eigenen Schwerpunkte – Belletristik und Fachbuch. Auch wenn sie mit dem Namen Lene Voigt nicht viel anzufangen wissen. Dafür gibt es ja Peter Hinke mit seiner *Connewitzer Verlagsbuchhandlung* in Specks Hof und Frau Bachmann im *Laden Nr. 1* unter den Rathausarkaden.

Peter Hinke ist für mich der kreativste Buchhändler der Stadt (jüngst mit dem Förderpreis der Kurt Wolff Stiftung geehrt!). Er hat es nicht nur geschafft, das Gesamtwerk der Ikone des Sächsischen, unserer Lene Voigt, zu publizieren (ja, ich weiß, sie kommt nicht gleich nach Thomas Mann …), sondern er führt auch einen erfolgreichen Verlag und präsentiert das umfassendste Angebot englischsprachiger Belletristik im Umkreis von 200 Kilometern. Und er versteht sich als Botschafter der Stadt Leipzig.

Heinrich Hugendubel, der Vater des „Imperiums", schuf den Leitspruch „Handel ist Wandel". Und so versteht der Anfangdreißiger Dirk Wittbrodt aus Berlin-Tempelhof auch seinen Job als Chef. Als erste große Aktion seines Buchhändlerlebens musste er die Filiale in Chemnitz schließen. Dann kam Leipzig. Seit der City-Tunnel fertig ist, brummt es bei *Hugendubel*. Die Belegschaft von mehr als 20 Mitarbeitern verdoppelt sich im Weihnachtsgeschäft.

Der Konkurrent *Lehmanns* hat als medizinische Fachbuchhandlung den idealen Standort neben der Universität. Hier tummeln sich vor allem die Studenten. Frau Michels aus Karlsruhe leitet die sich auf drei Etagen erstreckende Buchhandlung seit 2012. Sie fühlt sich wohl in Leipzig und ist vor allem auf den florierenden Belletristik-Bereich stolz. Auf 80 Lesungen im Jahr bringt es die Buchhandlung. Besonders jungen Autoren soll hier ein Forum geboten werden. Das ließ mich erröten. Ich durfte auch schon dort lesen.

Ähnlich günstig hat sich *uni-buch leipzig* an der Schillerstraße platziert. Die ehemalige Universitätsbuchhandlung bezeichnet ihre Existenz als den größten Erfolg. Sie firmiert mit „Literatur und Dienstleistungen". Neun Mitarbeiter und Außenmitarbeiter besorgen Bücher aus Antiquariaten, folieren Bücher und lassen für Kunden Zeitschriften aufbinden. Als Teil der „Schweitzer Fachinformationen" (nicht aus der Schweiz!) setzen sie auf Studenten und ihren Service. Bis jetzt scheint es zu klappen. Hoffen wir, dass es so bleibt.

Die Anzahl der Antiquariate in der Innenstadt hat sich erhöht. Mit der Ritterstraße an der Spitze: Dort haben sich drei Antiquare niedergelassen. In der Nr. 8 finde ich das *Leipziger Antiquariat*, das ehemalige *Zentralantiquariat* aus der Talstraße, das Henry Rietdorf 1990 gekauft hat. Er führt 45 000 Titel mit den Schwerpunkten Geisteswissenschaften, Geschichte und Kunst. Bei 2,5 Mitarbeitern wurden hier schon 4 Lehrlinge ausgebildet! Manchmal kommt es mir vor, als wäre ich einer davon …

Was wohl allen Buchhandlungen gemeinsam ist, ist der Wunsch, nicht nur „bibliografische Einheiten" an den Mann zu bringen, sondern ein Kulturgut zu verkaufen – jenseits von Rabatt und Verramschung. Autorenlesungen werden überall als Möglichkeit gesehen, den persönlichen Kontakt zwischen Autor und Leser zu befördern. Das Buch lebt!

Übrigens: Der City-Tunnel, der die Buchhändler während der (vielen) Baujahre schier zur Verzweiflung trieb, scheint nach seiner Fertigstellung durchaus verkaufsfördernd zu wirken.

Die Stadt
der Gose

Bedenkenlos:
Gosenschenke von Cajeri (um 1900)

„Gosenflaschenausritt"
(Postkarte um 1900)

Cajeris Gosenschenke
Ohne Bedenken

1983. Fast 100 Jahre lang war der Name Cajeri ein Synonym für Gastlichkeit und Gose in Leipzig. Cajeris Restaurant – am Pleißeufer gelegen (heute Dittrichring) – gehörte zu den Goseschenken, die das beliebte obergärige Weißbier mit Kümmel oder Himbeersaft (für die Damen) servierten. Seit dem Tod des ersten Besitzers Heinrich Martin Cajeri (1869) führte dessen Witwe einige Monate lang das Restaurant.

Noch im gleichen Jahr musste es dem Neubau des Centraltheaters (heute Schauspielhaus) weichen.

1899 eröffnete Sohn Heinrich Ernst August Cajeri die Gosenschenke in der Gohliser Hauptstraße 38, der späteren Menckestraße 5, und nannte sie *Ohne Bedenken*. Dies bezog sich wohl hauptsächlich auf die häufigste Frage nach der Bekömmlichkeit der Gose.

1905 übernahm Bruder Carl Cajeri die Gosenschenke. Davon zeugt noch die auf der Rückseite des Hauses angebrachte Sonnenuhr, die ebenso wie die Goseflasche über der Tür die Hausfassade nach dem italienischen Garten ziert. Dieser Garten, in dem unter großen Bäumen etwa 250 Gäste Platz hatten, erstreckte sich bis zum Poetenweg. Bei schlechtem Wetter konnten die Gäste in kleinen Holzhäusern, den Lauben, oder in der *Alten Scheune*, dem Gastzimmer, sitzen.

Eine besondere Attraktion in der alten Gaststätte an der Pleiße war das „Abtragen" von Studenten, die zu tief ins lange Goseglas geguckt hatten. Sie wurden auf der hölzernen Trage, auf der die Goseflaschen aus dem Keller in den Garten gebracht wurden, zum Pleißeufer geschafft und dort ins klare, aber nur knietiefe Wasser gekippt.

Ab 1922 war die Gosenschenke nicht mehr im Besitz der Familie Cajeri. 1936 wurde die Gaststätte von Karl Matthes übernommen, der zuvor in London und in der Schweiz als Kellner gearbeitet hatte. In dieser Zeit umfasste das bemerkenswert vielseitige Speiseangebot rund 80 (!) Positionen, dazu kamen noch Süßspeisen, Kompotte und Salate. Das Spektrum reichte von „Krebsschwänzen in Dill" über „Doppeltes Lendenstück, garniert für 2 Personen" bis zur speziellen „Ohne Bedenken-Platte".

Im Zweiten Weltkrieg wurde der Garten durch sechs Bombentreffer verwüstet, die Lauben brannten ab und der Keller mit dem eichenen 500-Liter-Gosefass wurde überschwemmt. In den ersten Nachkriegsjahren wurde noch Döllnitzer Gose ausgeschenkt, doch schon 1958 schloss diese traditionsreiche Leipziger Gaststätte ihre Pforten. Karl Matthes, der letzte Wirt der Gosenschenke, starb 1981 hochbetagt in einem Altersheim.

Gegenwärtig sind Erhaltungsarbeiten am und im Haus unumgänglich. Die Gaststube steht leer und bietet ein Bild des Verfalls, von ihrer ursprünglichen Ausstattung ist nichts mehr vorhanden. Der Garten ist vollkommen verwahrlost und als solcher kaum zu erkennen.

Leider ist es bislang nicht gelungen, sowohl den ehemaligen Gastraum als auch den Garten einer adäquaten Nutzung zuzuführen, die von den Gohliser Bürgern gewiss „ohne Bedenken" begrüßt werden würde.

Ein patriotischer Epilog

1988. Wie beliebt die Gose war, beweist der Konsum von 2 500 Flaschen (von je 0,8–0,9 Liter) an einem (!) Sonntag in der Eutritzscher Gosenschenke. Aber es etablierten sich in und um Leipzig nicht nur zahlreiche *Gosenstuben, Gosenschenken* und *Gosenschlösschen*, sondern um die Jahrhundertwende auch ein Vertriebsnetz von *Gosenhandlungen*. In der Zeit des nationalsozialistischen Regimes wurde die Tradition der Gose nur widerwillig geduldet, sie wurde als muffig-kleinbürgerlich und nicht als deutschnational apostrophiert ("Gosenspießer").

Nach 1945 wurde in Döllnitz nicht mehr gebraut. Sei es, dass der Brunnen verschüttet wurde oder die veränderten Eigentumsverhältnisse von Rittergut und Brauerei die Ursache waren; die Kupferkessel aus dem Brauhaus wurden jedenfalls in den Nachkriegsjahren in die Engelhardt-Brauerei nach Halle gebracht.

Erst im Jahre 1949 gab es wieder Gose in Leipzig: Friedrich Wurzler braute sie in der Bayrischen (jetzt Arthur-Hoffmann-) Straße. Das Bier kam als „Schankbier in Verschlussflaschen" für „DM –,37" in den Handel. Es hatte langwieriger Verhandlungen mit den Ministerien in Dresden und Berlin bedurft, bis die Produktionsgenehmigung erteilt worden war.

Gebraut wurde bis März 1966. Bekannteste Gosengaststätte war in den fünfziger Jahren ohne Zweifel das *Hotel Fröhlich* in der Wintergartenstraße 14 (gegenüber dem *Haus der Heiteren Muse*). Bis zu seinem Tod im Jahr 1956 leitete es Rudolf

Berthold, der letzte Vorsitzende der Vereinigung Döllnitzer Gosenwirte. 1957/58 übernahm die HO das Hotel samt Gosenschenke, deren Eckfenster eine Glasmalerei mit dem Bildnis des „84-Jährigen nach 50-jährigem Gosentrunk" zierte. Ob das Fenster vor der Sprengung des Hauses im Februar 1968 gerettet werden konnte, ist nicht bekannt.

Die Gosentradition ließ die Leipziger nicht ruhen. Verstärkt erschienen Zeitungsartikel über das ehemals so beliebte Weißbier. In einer der ersten Nummern der „Leipziger Blätter" wurden die Spuren zu Cajeris Gosenschenke *Ohne Be-*

denken gesichert. Und wie der Zufall so spielt, suchte just zu jener Zeit der Gastronom Lothar Goldhahn geeignete Räume für eine Restauration besonderen Charakters. Er kam, sah die halbzerfallene ehemalige Gosenschenke und besiegte in Nerven zerrüttender Klein- und Großarbeit alle Schwierigkeiten: Am 23. November 1985 wurde die erste Gose (aus einer Berliner Weißbierbrauerei) verkostet, und am 10. Mai 1986 an historischer Stätte (die weitgehend originalgetreu rekonstruiert worden war) ausgeschenkt, fast 20 Jahre nach der Schließung der letzten Gosenschenke in Leipzig.

Mit der Eröffnung der Terrasse unter der alten Kastanie an der Rückfront der Gaststätte am 31. Mai 1987 ist Cajeris Gosenschenke würdig wiedererstanden. Damit ist der erste Schritt zur Erhaltung einer kulturgeschichtlichen Besonderheit unserer Stadt getan. Der zweite Schritt soll nun die obergärige Flüssigkeit selbst betreffen, denn seit Anfang 1988 blieben aus Kapazitätsgründen die hauptstädtischen Goselieferungen aus. Die Goldhahn-Idee, in der der Gosenschenke gegenüberliegenden Menckestraße 4 eine Gaststättenbrauerei einzurichten, sich also selbst mit Gose zu versorgen, fand die Zustimmung des

Rates des Bezirks, jedoch die GWL (Rechtsträger) lehnte ab, da sie den baulichen Aufwand für ökonomisch ungerechtfertigt hält – das leerstehende Grundstück wird verfallen. So gibt es zwar wieder eine Gosenschenke – aber keine Gose.

Neben dem im Wesentlichen noch gut erhaltenen Gosenschlösschen Plagwitz (von der GWL zu Verwaltungszwecken genutzt), harrt die mit dem Gosengetränk verbundene Eutritzscher Gosenschenke des Wiederaufbaus. Die Gosenschenke am Eutritzscher Markt wurde am 20. Februar 1944 durch Bomben beschädigt, aber noch im gleichen Jahr wieder eröffnet. Bis zum Jahre 1950 war die Gaststätte ein beliebter Treffpunkt und im Saal fanden Tanzveranstaltungen statt. Seit 1979 bemüht sich der Kulturbund unter der engagierten Leitung von Wolfgang Grundmann um Sicherung und Rekonstruktion des Gasthauses. Wie lange soll es dauern, bis auch in Eutritzsch die Stengelgläser wieder klingen?

(Co-Autor: Heinz-Jürgen Böhme)

Wird Putin „Mister Gose"?

2014. Die Gosenschenke am Eutritzscher Markt wird das Klingen der Stengelgläser nun doch nicht erleben. Ihr wurde schon vor dreizehn Jahren das Lebenslicht ausgeblasen. Denkmalschutz und Stadtverwaltung hatten grünes Licht für den Abriss gegeben. Wieder hatte ein Bürgerverein den Kampf um den Erhalt eines Kulturdenkmals verloren. Und mir bleiben nur die Bilder, die ich in den achtziger Jahren schoss.

Heute gibt es wieder Ritterguts-
gose aus Döllnitz. Die Gosenschenke *Ohne Bedenken* bietet in ihrem
Garten unter mächtigen Kastanien
500 Gästen Platz. Im Sommer wird
gegrillt. Von Kabarett bis zu böhmi-
scher Blasmusik kommt auch die
Kultur nicht zu kurz. *(Denn was unter den Blumen die Rose, ist unter
den Bieren die Gose.)*

Seit 2005, dem 100. Geburts-
tag der Gosenschenke, wird sogar eine *Miss Gose* gewählt. Nicht
immer muss diese Querflöte spielen können wie die Siegerin von
2010. Neuerdings wird auch ein
Mister Gose gewählt. Allerdings
ist die Publikumsresonanz dabei

wesentlich geringer. Im Jahr 2014 flackerte das Interesse aber heftig auf. Aus informierten Kreisen kam die Nachricht, Wladimir Putin könne mit der grünen Schärpe geehrt werden. Denn er hatte zwischen 1985 und 1990, als er für den KGB in Dresden arbeitete, während der Leipziger Messen in meinem Nachbarhaus gewohnt und abends die Gosenschenke besucht. Mehrmals hatte ich von unserem Balkon aus gesehen, wie er mit in die Stirn gekämmtem Haar (das war damals noch möglich!) gegen 20 Uhr das Generalkonsulat verließ und Punkt 22.45 Uhr ziemlich zerzaust zurückkam. Nein, nicht was

Sie denken! Er war in der Gosen-schenke *Ohne Bedenken* gewesen. Dort hatte er stets „Cajeris Liebling" – ein Schweinesteak mit heißer Leberwurst und Bratkartoffeln – gegessen und dazu natürlich eine Gose und einen Allasch getrunken. Krimsekt lehnte er ab. Immer lag ein gelbes russisch-deutsches Wörterbuch neben seinem Teller. Besonders mochte er die Lene-Voigt-Programme, die Bernd-Lutz Lange und ich dort spielten. Einmal spendierte er uns zwei Drinks und gestand uns, dass er die berühmte „Tresen-Szene" im academixer-Keller schon mehrmals gesehen hatte.

Aber auch wenn *Ohne Bedenken* über mehrere Jahre seine Stammkneipe war, *Mister Gose* ist Putin dann doch nicht geworden.

Die Stadt und das Theater

Die trauen sich ja was!

Über das Poetische Theater an der Leipziger Universität

2006. Eine der größten Errungenschaften des bürgerlichen Zeitalters ist zweifelsohne das Stadttheater. Die Leipziger Theatertradition besitzt mit Gottsched und der Neuberin sogar „Leuchttürme".

Nun liegt es im Wesen von Einrichtungen, die die öffentliche Hand versorgt, dass ihr Erfolg beim Besucher nicht unbedingt im Einklang

stehen muss mit dem künstlerischen Niveau ihrer Leistung. Und
die Zuschauer im Theater müssen
nicht unbedingt „Buh" rufen, um ihrer Meinung Ausdruck zu verleihen.
Sie stimmen mit den Füßen ab. Und
dieses Urteil ist vernichtend.

Die allgemeine Stimmung in
Leipzig – was das Sprechtheater
betrifft – lässt sich heute so zusam-
menfassen: *Die leisten sich ja was!*

Ich kann mich erinnern, dass
dieser Satz vor 45 Jahren für uns
zum fundamentalen Lob wurde. Allerdings mit dem sinnverwandten
Verb: *Die trauen sich ja was!*

„Die", das waren damals wir, die
Mitglieder der Studentenbühne

der Karl-Marx-Universität. Unsere Premieren (und meist schon die Textbücher) wurden argwöhnisch beäugt von Partei und Universitätsverwaltung, die die ideologische „Linie" überall in der Kultur zu bewahren trachteten. War eine Inszenierung „linientreu", so waren alle Offiziellen froh. Es gab keinen Ärger. Gefürchtet waren die „Abweichler" (später Dissidenten genannt), die sich überhaupt nicht um die Linie scherten, die sie beschämenderweise vielleicht nicht einmal kannten! Und fröhlich durch die Gegend mäanderten.

Nun waren aber gerade deren Inszenierungen besonders interessant. Die Studentenbühne war für ihre Mitglieder nicht nur aufregend innovativ, sondern sie vermittelte auch eine Art von Freiheit, einen Hauch von Bohème. Und sie lebte im Untergrund, im dritten Kellergeschoss der *Buchhandlung Genth* in der Grimmaischen Straße. Zumindest bis Mitte der sechziger Jahre, dann wurde das *Beyerhaus* in der Schnellerstraße Dreh- und Angelpunkt, die Festung der Studentenbühne.

Dass die Geschichte der Studentenbühne auch eine Geschichte der „berüchtigten Urabsetzungen" ist, wie Bernhard Scheller, einer der tüchtigsten Regisseure der Bühne, meint, weiß schon Adolf Dresen zu berichten. 1957 wollten die Studenten *Frieden* von Aristophanes aufführen. Die Generalprobe fand auf der Freilichtbühne im Clara-Zetkin-Park statt. Der Germanistik-Professor Hans Mayer sah sie sich an und nahm Adolf Dresen hinterher beiseite: „Wir sollten das doch um Gottes willen unter irgendeinem Vorwand absetzen." Die Premiere fiel dann „aus technischen Gründen" aus. Natürlich wussten die Zuschauer sofort, was Sache war ... Dresen: „Mayers Rat damals hatte ich es vielleicht zu verdanken, dass ich weiterhin studieren durfte."

Und diese „Verbots-Tradition" wurde bis zum Ende der DDR von den Kulturfunktionären munter weitergeführt: 1961 wurden die Kabarettisten vom *Rat der Spötter* – mit Peter Sodann an der Spitze – wegen „konterrevolutionärer Tätigkeit" verhaftet und erst nach einem Jahr wieder freigelassen. 1965 wurde Rózewicz' *Die Zeugen* oder *Unsere kleine Stabilisierung* nach zwei Aufführungen in der *Pfeffermühle* verboten. Das unsägliche 11. Plenum der SED hatte ein weiteres Opfer gefunden. 1976 verschwand die Uraufführung von Volker Brauns *Guevara oder Der Sonnenstaat* ebenfalls nach zwei Vorstellungen von der Bühne. (Genossen aus Kuba hätten eine Verunglimpfung wahrgenommen!) Noch kurz vor dem Ende der DDR wurde die Inszenierung von Heiner Müllers *Wolokolamsker Chaussee* untersagt. Das Thema 17. Juni 1953 war immer noch tabu. Natürlich gelang es den nicht ganz unbedarften Studenten immer wieder, spektakuläre Erfolge gegen die Abnahmekommission zu erringen. Manchmal entschied aber auch ein einzelner Kommissionär. Wie bei Athol Fugards *Aussagen nach einer Verhaftung auf Grund des Gesetzes gegen Unsittlichkeit*, das im Apartheid-Südafrika spielte und in dem die Studenten Petra

Stuber und Thomas Rühmann (ja, der Chefarzt aus der „Sachsen-Klinik"!) nackt agierten. Mit dem Satz des Chef-Abnehmers Peter Heldt „Ob die mit oder ohne Hut spielen, ist doch egal!" war die Aufführung gerettet.

Dass Volker Brauns frühe Lyrik von Studentenbühnen-Mitgliedern erstmals in Leipzig der Öffentlichkeit präsentiert wurde, sollte man ebenso wenig vergessen wie die Tatsache, dass das Kabarett academixer unter Jürgen Hart bis Ende 1978 fester Bestandteil der Studentenbühne war. Von dort kannten wir uns auch: Jürgen fragte mich beim Ernteeinsatz 1965, ob ich Interesse hätte, Kabarett zu machen. Da wir auf einem Acker neben einer Abdeckerei Kartoffeln lasen, wo es so stank, dass sogar die Ackergäule kotzen wollten, dachte ich: Na, schlimmer als hier kann's auch nicht sein. Ich sagte zu.

Die Studentenbühne, also das Poetische Theater der Leipziger Universität, existierte auch nach 1990 in unterschiedlichen Organisationsstrukturen weiter, konnte aber nie mehr an die brisanten Inszenierungen der DDR-Zeit anknüpfen. Als „Trost" seien einige der ehemaligen Studentenbühnen-Mitglieder genannt, die inzwischen auf der Leinwand, der Mattscheibe oder hinter dem Regiepult ihren Platz gefunden haben: allen voran Konstanze Lauterbach, Sylvester Groth, Rüdiger Joswig, Uwe Lohse, Axel Vornam oder Thomas Rühmann.

Trauen wir uns
immer noch was?

2014. Nicht jeder Student tauscht den Kartoffelacker mit der Kabarettbühne. Es war ja auch nicht meine Schuld. Jürgen Hart hat mich abgeworben. Und nicht nur vom Acker. Auch in der Studentenbühne ward ich immer seltener gesehen. Spielte ich 1965 noch den 2. Greis in *Unternehmen Ölzweig*, so beschränkte sich meine Bühnenpräsenz beim Studententheater nach Gründung der *academixer* im

Jahre 1966 auf Zweitbesetzungen: zum Beispiel in Edward Albees *Der Tod von Bessie Smith* oder in Ludvig Holbergs *Ulysses von Ithaca*. Von 1974 bis 1975 pausierte ich bei den *academixern*. Dafür spielte ich im Studio Poesie *erotica* – ein *Hindernisrennen in sex Disziplinen*. Ich glaube, da mussten wir uns nicht viel trauen.

Im Grunde genommen gab es zwei Klippen, die wir als Kabarettisten umschiffen mussten, um vor der Abnahmekommission bestehen zu können: Wir mussten „positive" Satire liefern, die der Entwicklung des Sozialismus diente, und wir mussten in jedem Programm eine „Westnummer" präsentieren, die „die Imperialisten und Revanchisten der feindlichen BRD entlarvte". Meist waren das Szenen, die im Westen spielten und in denen saudumme „Bundis" sich selbst bloßstellten. Jürgen Hart war der erste Autor, der eine Westnummer in der DDR spielen ließ: Einer Westtante werden während der Leipziger Messe listig 20 DM abgeknöpft („Tantenbekämpfung"). Kommentar der Zuschauer damals: *Ihr traut euch was!*

In einer Zeit, in der die Satire verdächtigt wurde, per se subversiv zu sein, gab es schon mal die

Frage, „ob die Satire im Sozialismus nicht ein Problem ist, mit dem man sich höheren Ortes einmal grundsätzlich beschäftigen müsste". Solche Fragen gab es nach 1990 Gott sei Dank (oder wem auch immer) für uns nicht mehr.

Trauen muss man sich aber trotzdem immer noch. Von Kollegen aus dem Westen hatte ich zum Beispiel gehört, dass bei Parteiveranstaltungen Beschränkungen gewünscht wurden, sich aber keiner daran hielt. Richtigen Ärger gebe es nur mit SPD-Genossen, die CDU reagiere auf Angriffe gelassen. Und bei der Gewerkschaft? Da habe ich meine ganz eigenen Erfahrungen gemacht. Ich durfte zum 100. Jahrestag der Gründung der Eisenbahnergewerkschaft in Hamburg im Festprogramm mitwirken. Ich spielte einen Ost-Streckenläufer. Der Sketch war gut, alles klappte. Doch nach der Generalprobe wollte der Hauptvorstand meine Szene streichen. Begründung: Sie sei eine Beleidigung für die Osteisenbahner. Darauf bemerkte ich, dass ich viele Orte im Westen bespielte und ab jetzt dieses Verbot stets lauthals verkünden würde. Das überzeugte die Herren. Als ich auftrat, blickte ich in die etwa 100 Gesichter des Hauptvorstandes, die

auch ins ZK der SED gepasst hätten.
Bewegungslos. Nach fünf Minuten
jubelten die Ostbahner. Die ZK-Ge-
sichter entspannten sich. Vielleicht
hatte ich mich was getraut ...

Die Stadt und die Revolution

Heldenhaft: Montagsdemo 1989
Säule auf dem Nikolaikirchhof

Die Säule auf dem Nikolaikirchhof

1999. Der 26. September 1989 ist ein ereignisreicher Tag: Egon Krenz erklärt in Peking, dass die Volksrepublik China und die DDR die gleichen Ideale haben. Das ungarische Parlament beschließt ein Gesetz, das allen Bürgern unbeschränkte Reisefreiheit garantiert. Das Neue Forum Leipzig gibt bekannt, dass die Abteilung Inneres beim Rat des Bezirks Leipzig dem Antrag auf Anmeldung der Vereinigung

Neues Forum nicht stattgegeben hat. Für die Zielstellung dieser Vereinigung gebe es in der DDR keine gesellschaftliche Notwendigkeit. In Aksai im Südural klingelt um fünf Uhr der Wecker. Sechs Uhr dreißig spielen wir für die Nachtschicht an der Erdgas-*Trasse der Freundschaft* unser Kabarett-Programm *Alles im Kühlschrank*. Es folgen noch zwei Vorstellungen am Abend. Um Mitternacht heftige Diskussionen über Gorbatschows Politik und das Schweigen der DDR-Regierung. Die Funktionäre blocken ab, die Arbeiter und Bauleiter wissen: Hier müssen Fachleute her! (In unserem *Obenlied* schrieb Bernd-Lutz

Lange: „Sieh nicht nach oben, sieh zur Seite, sieh ganz weg! Denn ganz da oben – alles morsch auf jedem Fleck." Natürlich nur ein harmloses Lied über Dächer.)

Über den Dächern von Leipzig werden inzwischen von den „Organen" Überwachungskameras angebracht, die jedes Gesicht bei den nun beginnenden Demonstrationen um den Ring erfassen. Doch am 2. Oktober sind es schon zehntausend. Da kommen die Genossen in der Runden Ecke bei der Auswertung ganz schön ins Schwitzen.

Noch ist ungewiss, ob die seit 1980 von der evangelischen Kirche jeden November durchgeführte Friedensdekade auch 1989 ihrem Namen gerecht werden wird. Denn seit Ausreisewillige sich zu den Friedensgebeten eingefunden haben, verlassen sie die Nikolaikirche, ihre einzige Zufluchtsstätte, mit dem Ruf: „Wir wollen raus!" Die Staatssicherheit, die sie draußen erwartet, ist da anderer Meinung. Es gibt Handgemenge und „Zuführungen". Doch eines Tages – es ist wohl der 18. September – skandieren junge Stimmen: „Wir bleiben hier!" Zum ersten Mal wird dem Willen zur Veränderung im Lande so entschieden Ausdruck verliehen. Aus dem Kirchenraum mit seinen streng kannelierten Säulen und den

Frieden verheißenden Palmblätter-Kapitellen wird die Entschlossenheit hinausgetragen, nicht zu weichen. Hinaus auf den Nikolaikirchhof, in die Grimmaische Straße, auf den Karl-Marx-Platz. Noch wird der Ring nicht umschritten. Sechs Wochen später füllen dreihunderttausend Menschen die Straßen. Und keine Scheibe geht zu Bruch, kein Polizeifahrzeug wird in Brand gesetzt, kein Schläger der Staatssicherheit verprügelt. Die Mitglieder des Neuen Forum bilden Menschenketten vor den zitternden Wehrpflichtigen, die die Bezirksverwaltung des Ministeriums für Staatssicherheit, die Runde

Ecke, bewachen. KEINE GEWALT! Am 9. Oktober wird die Botschaft aus der Nikolaikirche Realität: „Selig sind, die Frieden stiften." Siebzigtausend Menschen überwinden ihre Furcht, ziehen trotz des in den Medien angedrohten gewaltsamen Eingreifens der Sicherheitskräfte über den Ring. Das Wunder geschieht: Es fällt kein Schuss.

Am Abend feiern wir in der Pfeffermühlen-Kneipe unseren Sieg. Ein ungeheurer Druck war gewichen. Die Staatsmacht war unterlegen. Das einzige Plakat, das im Demonstrationszug getragen wurde: FREIE WAHLEN. Doch bis dahin sollte noch ein halbes Jahr vergehen.

Es ist unglaublich, wie die montags gestellten Forderungen sich binnen einer Woche erfüllen. „Visafrei Tschechoslowakei!" dauert allerdings zwei Wochen, „Visafrei bis Shanghai!" noch etwas länger. Vor der Runden Ecke ruft am 16. Oktober neben mir ein fünfjähriger Knirps: „Stasi in die Volkswirtschaft!" und „Wir verdienen euer Geld!". Am 8. November schickt das MfS tatsächlich dreihundertfünfundachtzig Genossen in die Produktion.

Wenn ich nach dem bleibenden Eindruck der Montagsdemonstrationen auf dem Ring gefragt werde, so ist es das Gefühl der Brüderlichkeit und der Solidarität. Nachdem der Dezernent für Kultur der kleinen saarländischen Stadt St. Ingbert an einem Montag im Herbst 1989 die Menschen in Leipzig erlebt hatte, stellt er sich zu Hause auf den Marktplatz und sammelt für das Neue Forum 805,20 DM. Diese Summe bildete den Grundstock für die Bibliothek im Haus der Demokratie, das nach langwierigen Bemühungen im Januar 1990 von der SED freigegeben wurde. Im gleichen Monat erblickte die Kulturstiftung Leipzig das Licht der Welt. Der Kultur verbundene Bürger der Stadt fanden sich in dieser privaten Stiftung zusammen, um in den Bereichen Denkmalpflege, Stadtkultur und Umweltschutz für die Stadt Leipzig wirksam zu werden.

1992 wurde von der Kulturstiftung Leipzig ein internationaler Wettbewerb zur künstlerischen Gestaltung des Nikolaikirchhofs ausgelobt. Der Platz, „auf dem alles begann", sollte städtebaulich aufgewertet werden und in würdiger Form an die friedliche Revolution erinnern. Dabei sollte nicht einfach ein Denkmal errichtet werden, sondern eher ein „Denk mal!" für die Leipziger und die Besucher der Stadt entstehen. Unter vier gleichwertigen Entwürfen wurde der des Leipziger Künstlers Andreas Stötzner ausgewählt und zur Realisierung vorgeschlagen: die originalgetreue Nachbildung einer Säule aus dem Kirchenschiff der Nikolaikirche auf der Ostseite des Nikolaikirchhofs.

Die benötigten Mittel von mehr als einer Viertelmillion DM sollten durch eine Spendenaktion aufgebracht werden. Sie begann im Herbst 1997 mit der Versteigerung von fünfzehn Flaschen Wein vom Weinstock an der Alten Nikolaischule, die von Professor Kurt Masur signiert waren. Die Spenden der Leipziger reichten von sechs bis zehntausend Mark. Der Vorsitzende der Frankfurter Aufbau AG, die die Sanierung der Nikolaischule wesentlich unterstützte, erbat sich bei seinem Ausscheiden keine Geschenke, sondern Spenden für die Säule. Das Bankhaus Reuschel & Co. veranstaltete ein Benefizkonzert zugunsten des Denkmals. Die US-Airforce-Band spendete den Ertrag eines Gewandhauskonzerts. Auch die Stadt Leipzig und der Bund beteiligten sich mit einer größeren Summe an der Spendenaktion. Die Namen aller Spender werden in einer Kupferröhre im Innern der Säule bewahrt.

Am 9. Oktober 1999 nach dem Friedensgebet wurde die Nikolaisäule den Leipzigern übergeben.

Die Platte vor ihrem Fuß trägt nun die Aufschrift „9. Oktober 1989", und die sie krönenden Palmblätter symbolisieren den Geist des Friedens, der aus der Kirche hinausgetragen wurde auf die Straßen, ins Land ...

Wir haben schon ein Revolutionsdenkmal

2014. Stellen Sie sich vor, Sie haben einen schönen großen Garten. Aber mitten im Garten stand mal eine Laube, die Sie abgerissen haben. Nun ist dort eine Brache, ein Schandfleck. Sie möchten die Brache begrünen, haben aber kein Geld. Der Vorstand des Gartenvereins verspricht Ihnen, die Finanzierung weitgehend zu übernehmen, wenn Sie dort Apfelbäume pflanzen. Eingedenk Luthers Vorschlag, was beim Weltuntergang zu tun sei, stimmen Sie zu. Dann fällt Ihnen ein, dass Sie aber schon genug Apfelbäume im Garten haben, wissen aber nicht, was Sie stattdessen pflanzen sollen. Auf den Gedanken, Ihre Nachbarn zu fragen, kommen Sie natürlich nicht. Sie lassen Entwürfe anfertigen, was aus der Brache werden soll. Jetzt wird es teuer. Der Vorstand zahlt erst, wenn gepflanzt bzw. gebaut wird. Sie wählen einen Entwurf aus und zeigen ihn den Nachbarn. Die grinsen hämisch oder schimpfen über die Geldverschwendung. Nun sind Sie sauer. Sie haben was gemacht und jetzt will es keiner haben.

So oder so ähnlich lief es in den letzten Jahren in Leipzig mit dem Freiheits- und Einheitsdenkmal. Es sollte zum 25. Jahrestag der Friedlichen Revolution den brach liegenden Wilhelm-Leuschner-Platz schmücken. Die Ausschreibung für die Platzgestaltung brachte einen ersten, zweiten und dritten Sieger. Die Stadtregierung mit dem Oberbürgermeister an der Spitze hatte mit dem Blick auf die 6,5 Millionen aus Berlin und Dresden aber schlicht vergessen, die Leipziger Bürger zu fragen. Und die lehnten die Gestaltung in der vorliegenden Form ab. Schnell ließ der Leipziger Stadtrat das Ergebnis des Wettbewerbs überprüfen. Nun wurde der dritte Sieger der erste und der erste der dritte. Dieser war „not amused" und verklagte die Stadt auf 600 000 € Schadenersatz. Der OB gab den Medien (!) die Schuld an dem Debakel. Und nun sitzen alle Beteiligten da und schmollen. Die Zeche zahlt wieder einmal der Bürger.

Dabei haben wir schon seit 1999 unser Revolutionsdenkmal: die von Palmblättern gekrönte Säule auf dem Nikolaikirchhof mit dem Datum „9. Oktober 1989" zu ihren Füßen.

Zeit, sich zu erinnern.

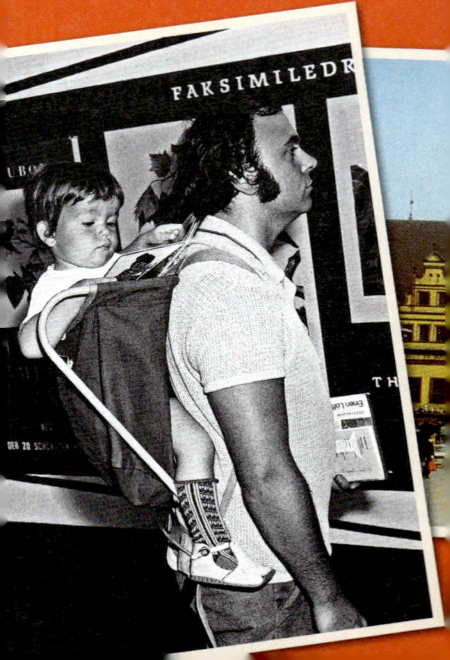

Die Stadt und ihre Buchmesse

Im zweiten Wohnzimmer: Mit Sohn auf der Leipziger Buchmesse 1973

Ein Buch ist kein Auto

(Ein Plädoyer GEGEN die Buchmesse auf dem Neuen Messegelände)

1998. Diesen Satz wird kaum jemand bezweifeln. Mein Vater war Gärtner, den ganzen Tag an der frischen Lust und nach der Arbeit knülle. Trotzdem hat er viele Monate lang jeden Abend, wenn er nach Hause kam, der nachdrücklichen Bitte der kleinen Tochter entsprochen, die ihn mit einem Stapel Bücher unter dem Arm und dem Satz „Vati, Bücher vor!" an der Tür empfing. Mit dem Vorlesen beginnt und endet das Leben.

Das Buch begleitet den Menschen seit 1000 Jahren, Papyrusrollen besaßen schon die alten Ägypter. Herr Benz bastelte sein erstes Auto vor reichlich hundert Jahren. Und doch hört man weit mehr Gespräche über das neue Auto als über das neue Buch. Das *Literarische Quartett* liefert kaum Gesprächsstoff für Stammtische.

Die Leipziger Messe scheint vom Erfolg nicht gerade verfolgt zu werden. Eine Ausnahme macht die Automobilmesse. Sie ist Besuchermagnet und füllt wohl auch Auftragsbücher.

Die meisten Leipziger Buchhändler sind voll des Lobes über die kauflustigen Kunden. Wieso sollte also die Buchmesse, die in der Innenstadt aus den Nähten platzt, nicht auch auf dem neuen Messegelände vor den Toren Leipzigs Erfolg haben? Die Straßenbahn ist in 18 Minuten dort, der Messeausweis gilt als Fahrschein.

Die ökonomischen Erwägungen für den Umzug der Messe sind nachvollziehbar. In der Stadt reicht der Platz nicht, die Messehäuser müssen saniert werden. Die neue Messe ist technisch gut ausgerüs-

tet und bietet jede Menge Platz.
Außerdem soll ein Teil der Schrift-
stellerlesungen und Podiumsdis-
kussionen vorläufig in der vertrauten Innenstadt bleiben.

Doch wer wird eigens mit der
Straßenbahn fahren, um sich die
Neuerscheinungen der Verlage an-
zusehen? Es wird weitläufig werden in den neuen Hallen. Mir wird
die Enge des Buchmessehauses
fehlen, die auch etwas mit Nähe zu
tun hatte. Wenn ich als ehemaliger
Verlagsmensch meine alten Kollegen auf der Buchmesse zufällig da
und dort treffe, in einer Atmosphä-
re, die etwas Familiäres hat, fühle
ich mich zu Hause.

Dieses Gefühl des Vertrauten zu vermitteln, innerhalb von Mauern, die nie gesehen haben, wie das West-Paperback unter dem Pullover verschwand, wird schwer werden. Es wäre schön, wenn man wüsste, dass man eingeladen ist, das Buch wieder als Bestandteil des täglichen Lebens zu empfinden, zu schmökern, zu suchen ...

Ich wünsche mir eine Buchmesse, die zeigt, dass Leipzig doch noch eine Buchstadt, eine Stadt für Lesehungrige, Verleger, Bücherliebhaber, Autoren ist. Vielleicht kann ich auch erfahren, wer von den Leipziger Autoren in welchem Verlag verlegt wird und wo die jungen Autoren veröffentlicht werden.

Aber die Marketing-Experten werden inzwischen wissen, warum die Automesse so gut besucht war. Und das müssen sie nun einfach auf die Buchmesse umlegen.

Ein Buch ist nach wie vor kein Auto

(Ein Plädoyer FÜR die Buchmesse auf dem Neuen Messegelände)

2014. Ich habe mich getäuscht. Auf der Neuen Messe ist es keineswegs weitläufig. Es ist eher kurzläufig von Stand zu Stand, von Mensch zu Mensch. Und voll ist es auch. Die Buchmesse findet zwar in großen Hallen statt, aber es ist eng. Denn anders als befürchtet, nehmen viele Menschen in der Tat den Weg auf sich und fahren raus aufs Messegelände. In den Hallen selbst findet man keine Wohnzimmer-Atmosphäre mehr vor, eher Arbeitszimmer mit Kaffee und Kognak – und mit dünnen Wänden. Von links die sonore Stimme eines älteren Herrn: eine Lesung. Rechts streiten zwei Damen über den Ausgang eines Romans. Sopran gegen Alt – beide noch recht jung.

In der Eingangshalle herrscht eine wahre Jahrmarktsstimmung. Die Rundfunk- und Fernsehanstalten versuchen einander zu übertreffen beim Anpreisen ihrer Bücher. Da muss man schon ziemlich nah rangehen, um etwas zu verstehen. Und das ist ja auch die Absicht von ARD und ZDF, von MDR und arte. In der LVZ-Autorenarena hat jeder Autor zwanzig Minuten Zeit zur Vorstellung seines Buches, und im Anschluss wird signiert. Das reicht gerade, um sich später zu entscheiden, wohin man am Abend in der Stadt geht. Natürlich zu *Leipzig liest*, Europas größtem Lesefest. Und was es vor zwanzig Jahren noch nicht gab: 200 Veranstaltungen für Manga-, Comic- oder Graphic Novel-Fans. Viele der Fans sind kostümiert, dass es einem schwindlig wird.

Sehr bodenständig geht es dagegen auf der gleichzeitig stattfindenden Antiquariatsmesse zu. Leider habe ich Kaufverbot, da unsere Wohnung weniger als sieben Zimmer zählt, die eigentlich für die Unterbringung unserer 6 500 Bücher notwendig wären.

Oliver Zille, bekennender Sachse und seit zehn Jahren Direktor der Leipziger Buchmesse, ist stolz darauf, dass unsere Messe eine Publikumsmesse ist, deren Besucher zu 25 Prozent jünger als 20 Jahre sind. Dreißigtausend Lehrer nehmen an einem Bildungsprogramm teil, für das sie vom Schuldienst befreit werden. (Da werden sich die Schüler aber freuen!) Er will interessierte Leser und Autoren zusammenführen, die Kinder- und Jugendliteratur fördern. Und der Preis der Leipziger Buchmesse trägt das, was wir an Sachbüchern, Romanen, guten Übersetzungen und auch Kinderbüchern so schätzen, nach außen. Er wurde schon zum zehnten Mal verliehen.

Im 16. Jahrhundert wurden die Bücher in Fässern nach Leipzig gebracht. Heute werden sie auf Paletten angeliefert. Aber es bleiben Bücher. Und es bleiben die Menschen, die sie machen. Mit diesen Menschen zu reden, mich zu verlieren beim Stöbern durch die Neuerscheinungen – all das gelingt auch auf der neuen Messe. Die Enge des

Buchmessehauses fehlt mir nicht, und sogar alte Kollegen treffe ich zufällig. Dann kommt man gemeinsam ins Schwärmen über Bildbände, Romane oder die letzte Lesung, die man eben gehört hat. Man hat Zeit. Setzt sich hin auf einen Kaffee oder Kognak. Und schreibt keinen Auftrag.

Eine Buchmesse ist eben immer noch keine Automobilmesse und ein Buch kein Auto.

Die grüne Stadt

*Vor der Zerstörung: Auf dem
Balkon inmitten der grünen Oase*

Die Barbaren kommen. (Oder: der Versuch, die grüne Stadt zu retten.)

1997. Noch das Schlagen der Nachtigall im Ohr erwache ich durch das Flöten der Amseln, das Trillern der Meisen und das Zirpen der Gartenrotschwänze. Eine Gartengrasmücke durchquert quicklebendig das Rechteck des geöffneten Fensters. Schwache Sonnenstrahlen drängen sich durch Efeuranken. Ein Tautropfen rollt das Oleanderblatt hinab. – Ein Frühsommermorgen auf dem Balkon, der Mörikes Verse geradezu herausfordert: „Frühling lässt sein blaues Band / Wieder flattern durch die Lüfte; / Süße, wohlbekannte Düfte / Streifen ahnungsvoll das Land ..."

Eine Idylle irgendwo in der Schwäbischen Alb? Nein, der Balkon eines neoklassizistischen Bürgerhauses im innerstädtischen Bereich Leipzigs. Eine Steintreppe mit ausgetretenen Sandsteinstufen führt in einen großen, wilden Garten mit Veilchen, Farnen und Gräsern, Maiglöckchen und Obstbäumen und einer 150 Jahre alten Platane am Ufer des kanalisierten Elstermühlgrabens. Den Kräutergarten säumen Birken, Robinien und ein Nussbaum.

Hier kann der Mensch verweilen zu schöpferischer Ruhe ... Wir verweilten an diesem Ort zwanzig Jahre lang. Dann kam ein potenter Käufer aus dem Schwabenland, kaufte das Grundstück und beantragte den Abriss. Neues, Schöneres wolle er auf dem Gelände bauen. Die Grünflächen würden berücksichtigt und „harmonisch in das neue Ensemble eingefügt".

Dem Abriss wurde letztendlich zugestimmt. Einen Tag nachdem wir als letzte Mieter das Haus geräumt hatten, machte ein Riesenbulldozer aus unserem Garten, der heute umweltpreisverdächtig wäre, eine Kraterlandschaft und entwurzelte eine 80 Jahre alte Kastanie.

„Mit einem neuen Förderprogramm unterstützt Leipzig jetzt die Entsiegelung des Bodens und Anpflanzungen von Bäumen und Sträuchern auf privaten Grundstücken. Nahezu 100 000 Mark stehen dafür bis Jahresende bereit. Mit den Aktionen *Graue Höfe zu grünen Gärten* und *Steinbrech* hat Leipzig bereits Initiativen gestartet ..." (LVZ vom 5. 9. 1996) Vermutlich müssen sich die Leipziger Bürger bei den städtischen Funktionären bedanken, dass sie unsere Steuergelder freigeben, um einen Bruchteil der

Flächen zu renaturieren, die durch sinnlose Zerstörung von Grün und gnadenlose Versiegelung des Bodens verloren gingen.

Dort, wo heute eine sanierte Stadtvilla stehen könnte, umgeben von Garten und Bäumen, wurde mit großem finanziellen Aufwand (ein Bauunternehmer soll Konkurs gemacht haben) ein Neubau hochgezogen, in dem Wohnungen für besser verdienende Singles entstanden sind. Es muss sich ja rechnen! Verloren stehen noch drei große Bäume da und klopfen mit ihren Zweigen, die bestimmt bald gekappt werden, mahnend an die Fensterscheiben. Zwölf Brutvogelarten waren in unserem Garten zu Hause. Dort, wo sie ihre Nester bauten, beherrschen nun Glas, Stahl und Beton das Areal.

Sicher werden die städtischen Behörden bereitwillig unser Geld zur Verfügung stellen, um dort, wo Blumen blühten, den Beton aufbrechen zu lassen, auf dass in einem bescheidenen Vorgärtchen Gras über die durch Inkompetenz und Schlamperei zerstörten Werte wachse.

Die Barbaren sind immer noch da. (Wir versuchen es weiter.)

2014. Gleicher Ort, 17 Jahre später. Statt der neoklassizistischen Stadtvilla heute ein gesichtsloser Neubau. Der am Vorgängerbau angrenzende 400 Quadratmeter große Garten ist verschwunden. Eine Besonderheit: Die Fassade schwingt sich um die 170 Jahre alte Platane. Eine Idee des Architekten? Nein. Als bekannt wurde, dass die Platane 1994 gefällt werden sollte, um dem Neubau Platz zu machen, habe ich gedroht, mich an den Baum anzuketten und alle Mittel öffentlichen Protestes dagegen zu nutzen.

Die Platane steht heute noch. Sie hat sich sogar ein wenig aufgerichtet. Ich auch.

Vor etwa zehn Jahren organisierte der Bürgerverein *Waldstraßenviertel e. V.* eine Demonstration, auf der die Freilegung des in den 1950er Jahren verrohrten Elstermühlgrabens gefordert wurde. Ich war auch dabei. Das war kein heroischer Akt. Die Rohre waren marode und mussten ohnehin entfernt werden. Es folgte in mehreren Etappen die Freilegung vom Schreberbad bis zur Friedrich-Ebert-Straße und von der Thomasius-Straße bis zum Zusammenfluss mit der Pleiße am Naturkundemuseum.

Seit geraumer Zeit wird nun der Graben von der Friedrich-Ebert-Straße bis zur Elsterstraße freigelegt, wo wir einst wohnten. Die alten Ufergitter aus dem 19. Jahrhundert waren bis 1994 noch vorhanden. Nun sind sie weg. Und den Uferweg säumten bis vor einem Jahr Bäume mit einem Stammdurchmesser von mehr als einem halben Meter. Auch die große Linde, die im äußersten Eck unseres Gartens stand, reckte freudig ihre Äste. Die Bäume standen schon dort, als der Elstermühlgraben noch offen war. Also vor 60 Jahren. Jetzt mussten sie sterben. Baufreiheit war das Argument. Bauwut würde ich es nennen. Planlos und unsensibel.

Ja, die Barbaren sind noch da.

P.S.: Als ich am 1. Januar 2015 einen Neujahrsspaziergang machte, traf es mich wie ein Schlag in den Magen: Der von Napoleon gepflanzte, uralte Baum war verschwunden. In einer Nacht- und Nebelaktion haben gewissenlose Baummörder die einstige Zier unseres Gartens zerstört. Wie soll ich jetzt noch aufrecht gehen?

Aus dem lieferbaren Mini-Angebot

Naturbüchlein & Gesundes

Alte Gemüsesorten • Aronia • Bauernweisheiten
durchs Jahr • Blüten für Genießer • Essen von
der Wiese • Essbares von Bäumen & Sträuchern
Gesundes Kraut • Heilkräuterbüchlein
Herbe Beeren • Heiter bis wolkig. Vom Wetter
Holunder-Rezepte • Honig • Ingwer
Kleine Kräuterapotheke • Küchenkräutergarten
Multitalent Zwiebel • Mythos Ginkgo (auch engl.)
Neues Katzenbüchlein • Noch mehr Essen von
der Wiese • Quinoa. Das gesunde Inka-Korn
Salbei • Sanddorn-Rezepte
Vegane Küche

Essen & Trinken

Alles gewickelt & gerollt • Backen & Naschen
Brot backen • Essen wie im Mittelalter
Feines Dinkelgebäck • Filinchen • Fisch-Koch-
buch • Gewürze • Grillen exotisch
Kochbüchlein Schweiz • Marmelade & Gelee
Mecklenburg-Vorpommern kulinarisch
Milch-Büchlein • Pasta vegetarisch

Sachsen kulinarisch (auch engl.) • Sachsen-
Anhalt kulinarisch • Schokoladenbüchlein
Sektbüchlein • Senfbüchlein • Süße Sünde:
Schokolade • Süße Verführung • Süßes im
Advent • Teegenuss • Thüringen kulinarisch
Trendgebäck • Whisky

Literarisches
Das kleine Bach-Büchlein (auch engl.)
Erzgebirgisches Weihnachtsbüchlein
Fange jetzt zu leben an • Faust Zitate • Frauen
Frauen & Männer • Frauen-Weisheit
Die Geheimnisse der Familie Bach
Goethe-Zitate • Gut beraten, froh gestimmt.
Gute-Laune-Büchlein • HairAffair!
Heldenjungfrauen • Ich hab dich so lieb
Liebe Mama... • Liebe Oma... • Lieber Opa...
Lieber Papa... • Rosa Luxemburg
Märchenkönig Ludwig II. (auch engl.) • Karl May
Mein Leipzig. Geliebtes Weltdorf
Wolfgang Amadeus Mozart (auch engl.)
Musenkuss – Richard Wagner • Nietzsche-Zitate
Philosophinnen-Sprüche

Sandmännchen • Schiller-Zitate
Clara & Robert Schumann • Theodor Storm
Thomaner-Büchlein • Wahrsagen à la Lenormand
Weisheiten aus dem Fernen Osten
Weisheiten der Welt • Heinrich Zille

Stadt & Land
Auf der Saale-Unstrut-Weinstraße
Auf der Sächsischen Weinstraße
Berlin für die Westentasche (auch engl.)
Burgen und Schlösser im Erzgebirge
Dresden für die Westentasche • Erfurt für die
Westentasche • Halle für die Westentasche
Herrnhut • Kösener Spielzeug • Leipzig • Leipzig
in Pocket Size • München für die Westentasche
Musikalischer Stadtrundgang durch Leipzig
Naumburg • Parks & Gärten in Sachsen-Anhalt
Weimar für die Westentasche

BuchVerlag für die Frau
Gerichtsweg 28 • 04103 Leipzig
www.buchverlag-fuer-die-frau.de